WMP-19-006
Solo Trumpet and Piano

トランペットプレイヤーのための新しいソロ楽譜
めちゃモテ・トランペット

クリスマスソング Christmas Song

作曲：清水依与吏　Iyori Shimizu

編曲：築山昌広、田中和音　Arr. by Masahiro Tsukiyama, Kazune Tanaka

演奏時間：4分10秒

◆曲目解説◆

back numberが2015年11月18日にリリースした14thシングル。クリスマスを題材にしたラブソングで、多くの人の共感を呼んだ大ヒットナンバーです。クリスマスシーズンを彩る定番の楽曲となっています。

パート譜は切り離してお使いください。

クリスマスソング
Christmas Song

Iyori Shimizu　Arr. by Masahiro Tsukiyama, Kazune Tanaka

© 2015 by FUJIPACIFIC MUSIC INC.
& HORIPRO INC.

パート譜は切り離してお使いください。

◆編曲者・演奏者プロフィール◆

築山昌広（トランペット奏者）

　1976年3月4日生まれ。中学校で吹奏楽部に所属し、トランペットを始める。天理高等学校に進学し、吹奏楽、管弦楽団に所属。主にクラシックを学ぶ。

　天理大学に進学後、軽音楽部に所属しジャズに傾倒する。リードトランペットとして、山野ビッグ・バンド・ジャズ・コンテストに出場し奨励賞を受賞。また、在学中にファンク・ロック・バンド、JANGOで、BMGファンハウスよりメジャーデビューし、本格的にプロ活動を始める。

　以降、関西を中心に、ビッグバンド、サルサ、ファンク、ソウル、ハウスなどの実力派バンドに所属。また、多くのアーティストサポートやCMレコーディング、ミュージカルにも多数参加し、オールラウンドプレイヤーとして活動している。

田中和音（作曲・ピアニスト）

　1987年8月30日大阪生まれ。

　幼少の頃よりクラシックピアノをはじめ、10歳でジャズピアノに転向。野球、ソフトボールと遊びに没頭した高校時代を経て、大阪芸術大学へ入学。関西を代表するジャズピアニスト、近秀樹氏に師事する。

　2010年、ピアニストとして参加している「あきは・みさき・BAND」が、横浜ジャズプロムナード、金沢ジャズストリートのコンペティションにおいて、グランプリをダブル受賞。

ご注文について

ウィンズスコアの商品は全国の楽器店、ならびに書店にてお求めになれますが、店頭でのご購入が困難な場合、当社WEBサイト・電話からのご注文で、直接ご購入が可能です。

◎当社WEBサイトでのご注文方法

winds-score.com

上記のURLへアクセスし、オンラインショップにてご注文ください。

◎お電話でのご注文方法

TEL.0120-713-771

営業時間内に電話いただければ、電話にてご注文を承ります。

※この出版物の全部または一部を権利者に無断で複製(コピー)することは、著作権の侵害にあたり、著作権法により罰せられます。

※造本には十分注意しておりますが、万一、落丁・乱丁などの不良品がありましたらお取り替えいたします。また、ご意見・ご感想もホームページより受け付けておりますので、お気軽にお問い合わせください。